LA

RECHERCHE DE LA PATERNITÉ

DISCOURS PRONONCÉ DEVANT LES MEMBRES

DU BARREAU DE GRENOBLE

A LA SÉANCE SOLENNELLE D'OUVERTURE DES CONFÉRENCES

DES AVOCATS STAGIAIRES, LE 12 JANVIER 1894

PAR

PHILADELPHE OFFNER

Avocat à la Cour d'Appel

GRENOBLE

BARATIER ET DARDELET, IMPRIMEURS-LIBRAIRES

4, Grande-Rue, 4

—

1894

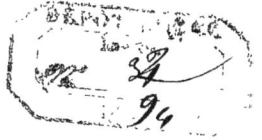

LA RECHERCHE DE LA PATERNITÉ

LA
RECHERCHE DE LA PATERNITÉ

DISCOURS PRONONCÉ DEVANT LES MEMBRES

DU BARREAU DE GRENOBLE

A LA SÉANCE SOLENNELLE D'OUVERTURE DES CONFÉRENCES

DES AVOCATS STAGIAIRES, LE 12 JANVIER 1894

PAR

PHILADELPHE OFFNER

Avocat à la Cour d'Appel

GRENOBLE

BARATIER ET DARDELET, IMPRIMEURS-LIBRAIRES

4, Grande-Rue, 4

1894

Monsieur le Batonnier,

Mes chers Confrères,

Au moment de vous soumettre quelques rapides réflexions sur la recherche de la paternité naturelle, un scrupule me vient. Vous connaissez l'importance d'un problème qui préoccupe à la fois philosophes[1], littérateurs[2] et jurisconsultes[3], des écrivains catholiques[4] et des pasteurs[5] aussi bien que M. Naquet, et les habitués du Gymnase[6] comme M. Bérenger, de vertueuse mémoire. Vous savez que sa solution intéresse non seulement les enfants naturels et les filles-mères, mais tous les hommes en général, surtout les célibataires. Et ainsi, vous le sentez, nous sommes un peu tous juges et parties dans le débat. Entendons-nous : je ne prétends nullement avec Th. de Banville[7], que nous ayons tous, nous les hommes, à nous repro-

1. Ch. Secretan, J. Simon, etc.
2. Assolant, O. d'Haussonville, Legouvé, etc.
3. Accolas, Lacointa, Laurent, Morelot, etc., etc.
4. V. la *Réforme sociale*, la *Revue catholique des Institutions et du Droit*.
5. V. les *Travaux du Congrès du Hâvre* (1894).
6. V. *Le Fils naturel. Monsieur Alphonse*, etc.
7. G. Rivet, *La Recherche de la paternité*, ch. X.

cher — plus ou moins — quelque paternité... acci-
dentelle. Mais nous avons égal intérêt à ne pas ouvrir
la porte au chantage et aux revendications calom-
nieuses; puis, comment nous défendre d'un certain
esprit de corps masculin? Il y a bien, il est vrai, un
grand nombre d'écrivains chevaleresques, M. Gustave
Rivet par exemple, qui ont entièrement passé à l'en-
nemi, je veux dire au camp des femmes, mais ils ont
de la partialité masculine une crainte telle, que souvent ils versent dans l'ornière opposée. Les femmes,
en effet, à part quelques mères de famille soucieuses
avant tout de la paix du foyer[1], ont généralement leur
siège fait sur la question; et, du côté des dames
comme du nôtre, Messieurs, trouver un juge non pré-
venu est également difficile. Cependant comme il nous
est impossible d'aller chercher au sérail les seuls ar-
bitres qui pourraient se montrer impartiaux dans le
pifférend, il faut bien écarter l'incompétence *ratione
sexus* et aborder la question nous-mêmes. Songeons
seulement à puiser dans nos scrupules la méfiance de
nos préjugés sexuels.

Commençons, mes chers Confrères, par fermer le
Code; efforcez-vous d'oublier un instant que vous êtes
des juristes, et consultons ensemble les seuls principes,
sans nous inquiéter des difficultés de la mise en pratique : la solution à donner au problème de la recherche de la paternité nous semblera très simple. Un enfant est né : qui doit s'en charger? Les deux personnes
qui, dans un acte volontaire, ont donné naissance à

---

1. Rivet, *id.*, Avertissement.

cet enfant, *ses auteurs*. Il faut donc permettre la recherche de la paternité comme celle de la maternité.
L'action en justice doit appartenir à la fois — à la
femme pour qu'elle ne soit pas seule à supporter les
frais d'entretien et d'éducation, — à l'enfant au moins
tant qu'il n'a pas les moyens de vivre, — enfin, en élar-
gissant le système anglais[1], à la personne morale,
État, commune ou paroisse, qui a la charge des enfants abandonnés. Le droit de l'enfant et de ceux qui
le représentent doit être le corrélatif absolu du devoir
du père[2], ce ne doit donc pas être le simple droit à
une pension alimentaire, mais ce qu'on pourrait ap-
peler le *droit filial intégral,* droit à l'entretien, à l'éducation, à l'hérédité. Dès que l'on reconnaît l'homme
responsable de ses actes, on ne saurait admettre que
les obligations du père naturel soient inférieures à
celles du père légitime. Elles sont même plus grandes,
dirait un moraliste scrupuleux : l'homme qui a eu un
enfant hors mariage est en un sens coupable envers
lui, et s'il ne peut le rendre légitime, il doit du moins
s'efforcer de lui faire oublier son illégitimité.

Ce principe simple de la responsablité paternelle
n'est contesté, je crois, par aucune école, à part celle
des révolutionnaires qui trouvent la famille « vieux
jeu ». Mais d'habitude on en formule un second, celui
de la responsabilité de l'amant. On ne parle plus de
dire aux séducteurs, avec l'ancienne coutume de
Bretagne[3] : épouse ou meurs ; mais on veut encore les

1. Léon Faucher. *Études sur l'Angleterre,* vol. II, p. 35 et s.
2. En Autriche, les héritiers du père sont eux-mêmes tenus
envers l'enfant. (Code aut., 165 et suiv.) et le projet belge (art.
8-9) s'occupe des droits des héritiers de l'enfant.
3. Article 497.

traiter en coupables[1], on veut surtout déclarer tout homme qui a eu des relations intimes avec une femme, responsable en principe de leurs conséquences. Cette double thèse n'est guère fondée. Oui, la morale condamne avec sévérité celui qui suborne une fille, en particulier une vierge, et d'habitude la séduction est le fait de l'amant. Qui pourrait nier cependant que, sans en avoir l'air, c'est parfois la brebis qui a cherché « à voir le loup » ? La séduction résulte d'une série d'actes, toujours les mêmes, toujours différents, et qu'il est si difficile de connaître, de définir ! Admettons même généreusement que l'homme soit toujours le premier et le plus grand coupable : de l'acte immoral au délit public il y a loin ; et, si on laisse de côté l'enfant, son intérêt et ses droits, la séduction simple, sans violence, d'une fille pubère scandalisera bien l'homme de cœur, elle laissera la société indifférente.

À défaut de délit, le séducteur commet-il du moins un quasi-délit qui devrait le faire condamner à payer les « frais de gésine », les journées de travail perdues, l'entretien de l'enfant ? On ne le répétera jamais trop : même quand il y a eu dans l'amour *libre consentement mutuel,* qui a été au plaisir se doit de ne pas fuir devant la peine. Mais, ne l'oublions pas, il est des devoirs dont le Code peut difficilement s'occuper. Si la femme, *par son consentement* — à un acte illicite sans doute, mais nullement illégal —, n'absout pas l'homme, son complice, elle se prive du droit de recourir à la loi pour obtenir la réparation, non d'un préjudice moral qui est inappréciable, mais d'un dommage ma-

1. Millet. *La Séduction*, etc.

tériel certain. Ne parlons pas de condamner la femme pécheresse : où est le sage qui oserait lui jeter la première pierre ? Nous devons cependant le reconnaître : pour nombreuses qu'aient été les sollicitations, les promesses de l'homme, la femme, puisqu'elle cède, devient l'artisan de son propre dommage, et s'il y a dans l'amour libre une faute, cette faute est, à des degrés divers, commune aux deux... collaborateurs. Quand elle ne parle pas au nom de l'enfant, c'est au fond le prix de ses faveurs que la femme réclame, et le législateur, si dur qu'il puisse paraître, doit renvoyer les deux amants comme deux coupables[1]. Il ne répétera pas l'axiome inhumain : *Volenti non fit injuria,* qui consent n'est pas lésé; il dira : *Quis ex culpâ damnum sentit, non intelligitur damnum sentire*[2], celui qui souffre un dommage par sa faute n'est pas censé le souffrir.

Ainsi une seule règle est fondée en droit naturel : « Qui fait l'enfant, le doit nourrir[3]. » Seulement les moralistes puisent dans l'étude de la société contemporaine à l'aide du roman, du théâtre et de l'inévitable statistique une seconde et puissante raison d'autoriser la recherche de la paternité. Ils disent : la dépravation augmente, et chaque jour se multiplient les infanticides, les avortements secrets, les crimes *passionnels* (une expression nouvelle pour une chose fort ancienne). Il est vrai, Messieurs, si, contrairement au

---

1. Cf. Les motifs du projet de Code civil allemand.
2. Dig., *De regulis juris,* l. 203.
3. A. Loysel, *Institutes coutumières,* livre Ier, titre Ier, règle XLI.

préjugé, la criminalité est en baisse en France[1], le reproche d'immoralité fait à notre époque semble juste. La preuve ne se trouve pas dans les œuvres d'une école dont la vogue décroît sans cesse, mais dans la proportion grandissante des enfants naturels, les meilleures recrues pour « l'armée du crime » et pour la prostitution. C'est dans le monde des bâtards et des concubins, de ceux qui naissent et aiment hors la loi, que se recrutent les ennemis de la société : voyez Ravachol, voyez Vaillant. Certes l'agglomération des ouvriers dans les villes[2], les goûts luxueux qui éloignent tant d'hommes du mariage sont les causes premières du nombre croissant des naissances illégitimes. Si ce nombre varie beaucoup avec les provinces, la moyenne générale est en France depuis 50 ans de 7,5 %, en 1890 elle était montée à 8,5, c'est dire que maintenant sur 12 enfants il y en a un de naturel[3], à Paris même il y en a 3 sur 10. Toutefois une autre cause de ce phénomène social se trouve dans une loi qui a parfois l'air de dire à l'homme, tout disposé à l'écouter : Fais des conquêtes, je ferme les yeux sur leurs suites, tu ne seras pas le père de tes enfants[4]. Et les maîtres prennent leurs servantes, les contremaîtres leurs ouvrières[5], et les abandons de femmes, simple incident privé, entraînent les abandons et les meurtres d'enfants, véritables crimes

1. Alex. Bérard. *La Criminalité en France*, 1890. En 1883, on poursuit 201 infanticides et 46 avortements ; en 1888, 198 infanticides et 55 avortements.
2. Cazot au Sénat. Ann. du Sénat 1883, 6 déc.
3. Foville. *La France économique*.
4. Cf. l'Exposé des motifs de la proposition de loi du 16 février 1878.
5. V. Jules Simon, *L'Ouvrière*.

sociaux. Le législateur français sera-t-il le dernier à maintenir « la loi du plus fort », votée sous l'influence de Napoléon, contempteur des femmes, sinon misogyne[2].

La plupart des Codes admettent la recherche de la paternité; hier encore la Belgique[2] parlait de modifier l'article 340. Le rôle de l'homme dans la société a pour « équivalent » celui de la femme[3]; le XVIIIe siècle a proclamé les droits du premier, au XIXe d'émanciper la seconde. La faiblesse doit être un titre de plus à la justice. Vous connaissez, mes chers Confrères, les diverses faces de cette importante question des revendications féminines; le problème de la recherche de la paternité s'y rattache intimement, et ce sont surtout des féministes qui disent : Si la maîtresse n'a rien à réclamer à l'amant, il est injuste et dangereux que la mère ne puisse actionner le père au nom de l'enfant.

Qu'y a-t-il à répondre, Messieurs, aux arguments de droit et de morale que je viens de vous rappeler ? Rien ou presque rien. Aussi est-ce sur le terrain du fait que se placent les adversaires de la recherche, presque tous gens de pratique, avocats ou littérateurs : il y a trois ans, après des concessions successives[4], M. Alexandre Dumas fils a mis à leur service sa verve triomphante. Leurs arguments appellent l'attention.

1. Taine, *Napoléon Bonaparte*, VI, et la Correspondance de l'Empereur.
2. V. la *Réforme sociale*, 1893. II, p. 859.
3. Rivet, II.
4. Comparer la Préface de *Monsieur Alphonse* (1879), la *Recherche de la paternité* (1883) et la Préface de l'ouvrage de G. Rivet (1890).

Ils disent d'abord : Autoriser la recherche, ce serait ramener le chantage et les scandales dont on se plaignait avant l'an II. Ils ajoutent : La preuve de la paternité est impossible à faire; c'est pour y suppléer qu'on a dû créer le mariage et la règle : *Pater is est...*[1]. Dans les temps primitifs, alors qu'on ne connaissait pas les présomptions de paternité, l'enfant n'avait pas de père[2], et, comme encore à notre époque chez certaines peuplades d'Océanie[3], il héritait de sa mère seule : système simple et prudent.

Avec le régime français actuel la question de paternité se pose, il est vrai, rarement; mais, pour délicate qu'elle soit, est-il sûr qu'on ait autant souffert de la voir sans cesse débattue avant 1793, que le prétendent certains auteurs? Je ne sais, car, paraît-il, l'Encyclopédie[4], comme les cahiers des États Généraux[5], ne contiennent rien à cet égard. On met en avant, il est vrai, quelques procès particulièrement curieux et surtout le discours prononcé par Servan au Parlement de Grenoble[6]. Le problème de la recherche de la paternité semble en effet, Messieurs, intéresser spécialement vos concitoyens : un avocat général au XVIIIe siècle, un député au XIXe s'en occupent tour à tour. Mais les critiques de Servan, comme celles faites plus tard par une grande partie des membres du

1. Duveyrier. Discours du 23 mars 1803 devant le Corps législatif (Fenet, tome 10, p. 240).
2. V. les notes dans l'*Etude sur la condition privée de la femme* de P. Gide. 2e édit., I, I, p. 17.
3. Id. p. 19.
4. Aguilera. *La Recherche de la paternité naturelle* (Congrès du Hâvre, p. 182).
5. V. *Réforme sociale*, 1890, I, 372.
6. Servan. Œuvres, 1825. Tome I, p. 383.

Conseil d'Etat[1] s'adressent surtout à la maxime du président Favre : *Creditur virgini dicenti se ab aliquo cognitam et ex eo prægnantem esse*[2], qui admettait comme preuve suffisante de la paternité la déclaration de grossesse, c'est-à-dire le témoignage de la mère. On pourrait aujourd'hui, pour éviter les décisions arbitraires, entourer la recherche de garanties nouvelles ; écarter d'abord la règle ancienne[3], encore admise par certaines législations[4], qui permet de condamner solidairement plusieurs pères possibles, et laisse ainsi à la mère la faculté de choisir, au besoin de tirer au sort le nom de l'amant à poursuivre. Il faudrait refuser ensuite le bénéfice de la loi aux courtisanes[5], aux femmes qui durant la période de conception auraient eu des amours... successives[6], etc., enfin punir sévèrement la calomnie[7].

Mais, le principe de la recherche une fois proclamé, toutes les restrictions du monde empêcheront-elles les affaires scandaleuses? Si le Code, en autorisant le désaveu, permet parfois de poser ce problème, entre tous difficile et scabreux : trouver le père, c'est dans l'intérêt de la famille légitime. Que de procès naîtront qui, même gagnés par l'amant véritable ou prétendu, jetteront sur sa famille un fâcheux éclat! Les dangers du scandale, tolérables après tout, ne sont d'ailleurs

1. Fenet. Travaux préparatoires, tome X, p. 74 et s.
2. *Codex definitionum*, IV, XIV, def. 18.
3. V. l'arrêt du Parlement de Paris du 4 octobre 1661 (V. l'*Etude sur la recherche de la paternite* de Coulet et Vaunois, 1880, p. 7).
4 V. Rivet, XIV.
5. Cf. Code prussien, 618 et s.
6. Rivet, I.
7. Proposition Rivet, art. 7. Proposition Aguilera, § 6.

rien auprès de ceux du chantage. Qu'ils le veuillent
ou non, jeunes et vieux recommenceront à jouer les
Pourceaugnac[1]. Filles et bâtards viendront en foule
dire aux hommes les plus honorables, pères de famille
modèles, évêques très riches : Paye ou je poursuis. Les
hommes deviendront peut-être moins entreprenants,
mais les femmes? Nous assisterons à la chasse au père
telle que certains pays l'entendent[2]; or, qu'on le sache
bien, la société a plus d'intérêt à la moralité des femmes qu'à celle des hommes : ce sont elles qui font la
famille, elles aussi qui peuvent le plus facilement la
détruire.

Et le moyen de nous défendre quand — après vingt-
et-un ans ! — un grand garçon viendra, armé d'une
correspondance plus ou moins fabriquée, ou même
d'une possession d'état, difficile à contester, « nous
infecter de paternité[3] » ? On répond avec une belle
confiance : Fiez-vous aux juges! C'est la *constatation*
de la paternité que nous demandons[4]; comme le dit
M. Sarcey, elle sera facile dans les faux ménages[5], et
d'eux surtout l'on doit s'occuper : il faut organiser
une sorte de concubinat légal pour protéger les femmes et surtout les enfants illégitimes.

Messieurs, cette question est plus grave qu'il ne
semble. Régulariser le concubinage, ce serait nuire au
mariage, une institution imparfaite si l'on veut, peu

1. V. Acte II, sc. VIII, IX, X.
2. V. L. Faucher, end. cité, et, sur la chasse à l'homme spécialement *les Américains chez eux*, III, par Mme de San-Carlos
(*Nouvelle Revue*, t. 64, p. 67).
3. Servan, id. p. 395.
4. Rivet, XIII.
5. *XIXe Siècle*, 29 juin 1890.

souple, trop souvent mercantile, et appelée sans doute
à évoluer encore[1], mais l'un des fondements néces-
saires de la société moderne. On peut lui appliquer ce
qu'Edouard Rod dit du divorce : « Il y a des problèmes
par trop difficiles qu'il faut laisser dormir... De temps
en temps on les résout dans un sens ou dans l'autre,
bien ou mal... Mais quand on les a résolus, il faut que
cela dure un peu...[2] » C'est en envisageant le débat de
ce point de vue, en se rappelant que, dans les ques-
tions relatives à l'organisation des sociétés, les solu-
tions les plus simples sont rarement les meilleures,
qu'on s'explique toutes les mesures, si iniques en
apparence, qui frappent les enfants naturels : elles ont
pour but de protéger la famille, « sanctuaire de la
morale ». Et, au risque de faire sourire les *profanes*,
j'avoue que, — sans la partager —, je comprends la
terreur des vieux magistrats à la pensée qu'on veut
toucher au canon civil.

Après avoir étudié le pour, le contre, que penser
de l'article 340 ? Il interdit absolument la recherche de
la paternité. Une seule exception est admise, c'est« dans
le cas d'enlèvement, lorsque l'époque de cet enlèvement
se rapportera à celle de la conception ». Il y a alors
contre le ravisseur, et par sa propre faute, présomption
grave de paternité. On peut se demander en passant
pourquoi la loi n'étend pas l'exception aux hypothèses
analogues de viol et d'attentat à la pudeur, exclu-
sives du libre consentement de la femme. Du moins
la règle est nette, le juge ne peut ni directement, ni

1. V. Herbert Spencer, etc.
2. *La Vie privée de Michel Teissier*, I.

indirectement constater la paternité naturelle. Mais
alors que dire de la jurisprudence qui tend à s'établir
depuis 1845 ? Elle condamne en termes euphémiques
mais clairs *l'auteur de la grossesse* [1] à payer des
dommages-intérêts à la mère. N'est-ce pas là appliquer
l'article 1382 du Code civil dans un cas écarté par les
rédacteurs [2], et non seulement tourner, mais violer la
loi? Les partisans de la recherche sont obligés de le reconnaître eux-mêmes [3]. Mais la séduction est un dol,
dit-on. — Où voit-on des manœuvres dolosives ? dans
les promesses de mariage non exécutées ? La loi les
déclare nulles, et, les reconnaîtrait-elle, comme on l'a
demandé [4], qu'elle ferait échec au grand principe de la
liberté des unions. D'ailleurs, pour que l'inexécution
d'une obligation donne droit à des dommages-intérêts,
il faut qu'elle ait causé un préjudice, et, je le répète,
la séduction serait-elle manifeste, c'est en dernière
analyse le consentement de la femme qui est la cause
de son déshonneur. Même l'engagement que prend un
homme d'élever un enfant naturel, non reconnu par
acte authentique, devrait, s'il était contesté, être dé-
claré nul [5]; l'obligation civile du père est alors sans
cause, du moins ne peut-on prouver cette cause, car

---

1. Arrêt de la Cour de cassation du 21 mars 1845, etc. V. le
Suppl. du Répertoire de Dalloz, *Mariage*, n° 50.
2. Au Conseil d'État le 26 brumaire an X, v. Fenet, tome X,
p. 75.
3. Exposé des motifs de la proposition de loi du 16 février
1878, etc.
4. V. la curieuse proposition d'Alph. Karr, *On demande un
tyran*, IV. — Sur le système anglais consulter Johnson,
Le Divorce et les Promesses de mariage en Angleterre (*Nouvelle
Revue*, t. 63, p. 616 et s.)
5. Il y a plusieurs arrêts en sens contraire, ainsi celui de
Bordeaux du 5 janvier 1848. V. Laurent, *Droit civil*, IV, § 93.

elle n'est autre que la paternité. Objecterait-on que la vraie cause se trouve dans les rapports intimes des deux amants, oublierait-on que ces rapports sont illicites ? — Touchés par certaines situations dignes d'intérêt et certaines demandes souvent intéressées, les magistrats ne se sont pas contentés d'accorder — sans suivre de règle fixe — des secours pécuniaires aux filles trompées ; ils sont allés jusqu'à condamner comme père un individu qui offrait de prouver l'inconduite de sa maîtresse[1]. Tant il est vrai que, dans notre question surtout, la brèche une fois ouverte dans la loi, on marche d'arbitraire en arbitraire[2].

Il faut ou appliquer l'article 340 ou le changer. Et faut-il le changer ? Si puissantes que soient les objections des adversaires de la recherche, il faudrait, je crois, cependant l'autoriser dans le triple intérêt de l'enfant, de la femme, de la société, si une loi nouvelle devait produire les heureux résultats annoncés. Mais, M. Alexandre Dumas le fait remarquer, à qui profiterait-elle ? Il serait difficile de l'appliquer au cas d'adultère, presque impossible au cas d'inceste[3]. Les Dons Juans, fidèles au vieux conseil de la prudence, écriront moins de lettres d'amour que jamais. Les *prévenus* de paternité iront rejoindre en Belgique les notaires infidèles. Les faux ménages dureront moins longtemps qu'aujourd'hui. Les infanticides causés par la honte, les avortements, fruits de l'égoïsme aussi souvent que de la pauvreté, ne diminueront guère. Seuls

1. Arrêt de Colmar du 31 décembre 1863.
2. Sur la jurisprudence, consulter Coulet et Vaunois, ouv. cité.
3. Al. Dumas. *La Recherche de la paternité*, p. 107, 109.

quelques pauvres diables se laisseront condamner;
mais quels parâtres seront ces pères forcés[1]! Pour
quelques-uns que la loi ramènera au devoir[2], combien
se vengeront de la femme sur l'enfant!

Pourtant le sort des filles-mères, celui surtout des
orphelins par abandon demeure digne d'intérêt, de
pitié. N'y a-t-il rien à faire pour eux? Les institutions
privées, l'Etat ne peuvent ils en multpliant les secours
à domicile, en ouvrant des maternités, surtout en ré-
tablissant les tours — qu'aucune loi du reste n'a sup-
primés — arrêter le « vitriolage », les avortements,
les infanticides et la mortalité infantile[3]? Le nombre
des illégitimes ne diminuera pas, mais il vaut encore
mieux pour un pays avoir des enfants naturels, pupilles
nationaux, que de n'avoir pas assez d'enfants. De
tous côtés on cherche les moyens d'augmenter la nata-
lité française : il y va de l'avenir national. Ne re-
culons donc devant aucune réforme. Je sais bien que
rouvrir les tours ce serait faire du collectivisme, ce
serait admettre en partie la *socialisation* des enfants,
préconisée de tous temps par certains utopistes[4].
Il n'est pas bon de permettre à l'homme de se dé-
charger de ses devoirs sur la société. Mais l'intérêt
individuel se confond ici avec l'intérêt général; mieux
vaut absoudre un coupable, le père, que condamner
un innocent, l'enfant.

1. Quatrelles. *Gare au père!* (*Revue Bleue*, 1890, 2ᵉ semestre,
p. 203).
2. Sabatier. *Responsabilité civile de l'homme devenu père en
dehors du mariage* (*Congrès du Hàvre*, p. 88).
3. Consulter sur les tours les Annales du Sénat, années 1878,
1882, 1885, les Ann. de la Chambre, 1890, 1891.
4. Depuis Platon (*la République*, V) jusqu'à Bebel (*la Femme*,
p. 324 et s)

Dois-je conclure, Messieurs ? Vous l'avez compris : il faudrait, plutôt que de modifier le Code, changer les mœurs. En France peut-être plus qu'ailleurs, elles sont favorables aux séducteurs, dures pour la femme : n'a-t-on pas voulu voir dans notre façon d'entendre l'amour le péché originel de notre race[1] ? Avant tout, il faudrait décourager les jeunes gens trop pressés. C'est en vain que les religions, les législations se sont coalisées contre l'œuvre de la chair « Tout le mouvement du monde se résoult et rend à cet accouplage. » C'est Montaigne qui parle[2], et Platon avait déjà exprimé la même idée en termes différents[3]. En attendant l'âge heureux où l'homme ne connaîtra plus que l'amour conjugal, l'introduction de la recherche de la paternité dans nos lois serait une mesure équitable à coup sûr, dangereuse probablement et peu efficace. Qu'on vienne au secours des ménages irréguliers, et on fait un pas vers la dissolution du mariage ; les législations germaniques trouvent déjà la reconnaissance des bâtards dangereuse à ce point de vue et l'admettent à grand'peine[4]. Qu'on frappe purement au porte-monnaie, comme en Angleterre, pays de la vertu et de l'indemnité, qu'on accorde à la mère un simple droit temporaire à une petite pension, et on n'aboutit qu'à rendre un peu plus dangereux, un peu plus cher surtout, le voyage à Cythère ou... à Corinthe : *Non licebit omnibus...* Quoi qu'il en soit, il ne faut pas nous le dissimuler, la réforme a beaucoup de chances

1. Sabatier, p. 66.
2. *Essais*, III, v.
3. A la fin du *Timée*.
4. V. par exemple E. Lehr. *Traité élémentaire de droit civil germanique*, 1892.

d'être un jour votée. On tient à imiter les pays étrangers[1], sans s'apercevoir qu'en Autriche, en Danemark, en Suède où la recherche est permise, le nombre des enfants naturels est plus grand que chez nous[2], et que celui des infanticides est supérieur en plusieurs autres contrées. Les jurés, français et galants, ont pris en main la cause féminine; ils sont indulgents aux avortemennts et aux infanticides[3]; l'article 340 est devenu pour eux le bouc émissaire de tous les péchés commis par les filles d'Israël. Et ces braves gens se montrent généralement si aimables à notre égard, mes chers Confrères, que nous pourrions bien leur faire une petite concession. Il suffirait d'admettre le principe de la recherche, en en rendant la pratique à peu près impossible, pour rassurer l'opinion et décourager les Lovelaces prudents. Si on trouve des inconvénients au régime nouveau, on fera comme la Hesse grand-ducale en 1821 et la Bavière quelques années plus tard[4], on demandera l'interdiction de la recherche, — toujours dans un but de moralité, — et en invoquant l'Evolution.

Voyons donc l'avenir sans trop de crainte; notre question n'a peut-être pas tout l'intérêt qu'on lui prête; je ne puis y songer sans me rappeler ce mot,

1. Sur la législation étrangère, v. Augée-Dorlhac. *De la constitution juridique des enfants naturels dans le passé, dans le présent et dans l'avenir*.

2. Foville, ouv. cité.

3. En 1888, sur 198 accusés d'infanticides, 78 sont acquittés; sur 53 accusés d'avortement, 28 sont acquittés. (Compte général de l'administration de la Justice criminelle. 1891.)

4. Baret. *Histoire et critique des règles sur la preuve de la filiation*, etc.

presque vrai, d'un sceptique[1] : « Il n'est jamais indispensable de changer une institution. Celles qui sont bonnes se gâtent, celles qui sont mauvaises se corrigent dans la pratique, et cela revient toujours au même. »

1. J. Lemaître. *Imp. de Théâtre*, II, au Conserv. fin. (Cf. Montaigne, liv. I, XXII.)

www.ingramcontent.com/pod-product-compliance
Lightning Source LLC
Chambersburg PA
CBHW060528200326
41520CB00017B/5158